Kenza L.

Le PROFILING des retards psychologiques

Kenza L.

Le PROFILING des retards psychologiques

Conspiracy Time?

Éditions Vie

Imprint

Cover image: www.ingimage.com

Publisher:
Éditions Vie
is a trademark of
Dodo Books Indian Ocean Ltd., member of the OmniScriptum S.R.L Publishing group
str. A.Russo 15, of. 61, Chisinau-2068, Republic of Moldova Europe
Printed at: see last page
ISBN: 978-613-9-59032-2

It hits a nerve,when
you have to battle,
getting one ordinary day!
#kenzaQuotes

LE PROFILING

DES RETARDS PSYCHOLOGIQUES

By KENZA LAKOUIRI

PRESENTATION

- KENZA L.
- PAGES: xx pages
- LANGUE : FRANCAIS
- TITRE: LE PROFILING DES RETARDS PSYCHOLOGIQUES
- STYLE : PSYCHOLOGIE
- REPERTOIRE : LIVRE DE POCHE
- SYNTEHSE : les retards psychologiques illustrent les différents comportements, dits inhabituels, de façon logique et pathologique.

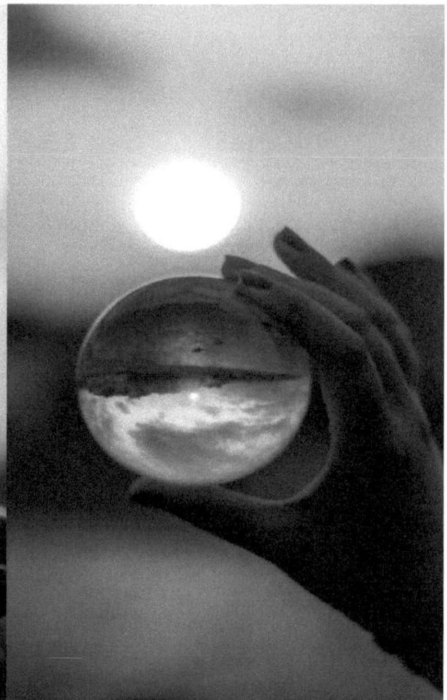

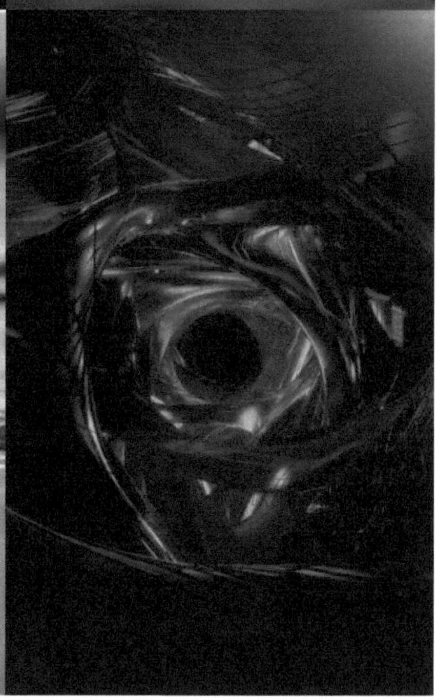

PLAN

SYNOPSIS

Les retards psychologiques sont un profiling réel de faits parfois dérisoires, et sans signification particulière, a jaillir sur des mots, des faits et des gestes de régularité et d'obsession psycho-pathologique. Il advient que l'agresseur et l'agressée sont sur deux terres inégales, car l'un a beaucoup d'information et l'autre n'a aucune information. On voit et on regarde beaucoup de faits, du cinéma, du théâtre et des films à la télé mais la réalité est un macabéen dormant dans votre lit, dans votre résidence, dans votre maison ou encore votre château dorée. Ce listing est un récapitulatif de plusieurs évènements, dits inexplicables, sans s'adresser à quiconque.

LA PSYCHOLOGIE DE L'ENFANT

LA PSYCHOLOGIE DE L'ENFANT

1. INOPERABLE

L'Ami imaginaire est une addiction, d'une certaine manière. Il relate une addiction amicale, qui va se traduire par la suite, par une addiction à l'Alcool, drogue, abus sexuels, violences contre les femmes, ..., etc. C'est une forme de contrôle abusif, exercée sur une longue période et se traduira par la suite, sous un format exponentiel.

L'enfant va passer à l'adolescence, c'est le moment du blocage naturel. Un moment opportun pour n'importe quelle famille, de faire son deuil, car l'explosion hormonale va démultiplier les sentiments, les envies, et l'adolescent deviendra Hors-contrôle.

2. INSOUCIANT

L'Ami imaginaire n'a pas la possibilité de distinction, entre e vrai et le faux, comme l'enfant. Il est soumis à la loi des évènements et des résultats ; « Une loi aléatoire et emblématique ».

L'aléatoire dans la psychologie de l'enfant, est la variable de son développement, face aux différents aléas psycho, environnementaux, éducatifs, sportifs, ..., etc. L'enfant devient prisonnier d'un monde imaginaire, sans possibilité de le faire sortir, car il prend un plaisir fou à voyager, à travers les corps et les esprits des autres. L'imaginaire est un monde, sans fin, un monde avec beaucoup d'autodérision, de variabilités, de souvenirs vrais et faux, de rêves ; tout le problème est là, avec aucune possibilité de séparation.

3. INDESCRIPTIBLE

Tout déclencheur d'évènements est un vecteur prédominant, de toute la sphère énigmatique du deuil. Pour en sortir, il faudra positiver grâce à différents points d'appui de la réalité.

Le retard psychologique est un résultat d'un sentiment profond du noir absolu, accentuée de couches simultanées, pour répondre à une question de continuité.

LE DEUIL

Un deuil est un enterrement d'une vie, d'une voix ou d'un évènement, sur une période donnée. Le deuil survient à un instant 't' mais sa récurrence, pour se disperser et relate sur une longueur dans le temps et l'espace.

Tout évènement déclencheur est un 'A', pour s'aventurer entre deux points 'B' et 'C'.

LE SILENCE DE L'ENFANT

Le silence chez l'enfant, est considéré comme un retard de naissance ; la parole a un effet néfaste sur le développement. Pour se développer, un enfant a besoin de calme et de repos environnemental, pour se développer. Il incarne tous les traits de manière subjective, qui aura un impact relatif par la suite, sur sa construction. Il s'avère important de regarder son silence, comme un attrait psychologique et de travailler avec lui sur la compréhension.

- Un silence > des ondes magnétiques, de calme et de sagesse
- Un repos psychologique, de son fort intérieur, une raison forte et compréhensible de sa définition.

L'ENFANT DERANGE

LE MONDE REFUGE

Un retard psychologique parle en trotte de l'Ami imaginaire d'un enfant, dévoilant la véracité du traumatisme de l'enfant, face aux aléas en se réfugiant avec son ami imaginaire, en pratiquant une vie adulte avec un corps et un esprit d'enfant. Tout devient possible et permis pour lui, au point qu'il n'accepte pas les remarques de ses parents. Le vrai souci, c'est qu'il faut le régler avant l'adolescence et avant de dépasser les 15 ans. Jouant l'ami imaginaire, c'est pousser l'enfant à se réfugier dans une zone cloisonnée sans refuge, sans Merci et l'acceptation est un second choix. Les avis ne sont plus primaires et les relations Humaines sont absentes, les rêves sont un monde magnifique et ce monde devient son monde réel à la place de celui que nous vivons.

Le rêve est-il un vrai rêve ou un monde parallèle ? Y'va-t-il une psychologie parentale ? Comment un enfant peut gérer cela ? Y'va-t-il un équilibre refuge ?

LE MONDE OBSESSIONNEL

Un Monde est un monde construit avec un esprit de vengeance destructeur, à vouloir créer des hommes machistes ou masculinisés ; il s'avère très perplexe de comprendre la psychologie de votre enfant quand il commence à tuer des chats et des chiens. Les premiers sont par accident, et les suivants sont prémédités. C'est un tueur en série que vous êtes en train de construire, aux yeux d l'humanité. Un Chagrin Malheur sera le déclencheur de cet enfant, a dépasser les limites. Cela peut être un rêve malheureux ou un divorce, un sentiment d'infériorité ou d'impuissance face à un adversaire, aussi une rupture amoureuse et les évènements vont s'enchainer progressivement, a une vitesse sans précèdent. C'est un état de fait, qui est entrain d'interagir avec le monde extérieur et un jour, c'est humain en chair et en os qui va payer les pots cassés.

« Je suis une amalgame, un monde sans limites, un Satan de l'avenir et une déception du passe. Je ne suis rien face à vous mais je vais devenir votre leader pour vous contrôler tous et vous dépoussiérer de votre âme », un tueur dira ces mots, les expliquant par la confiance en soi et donnant à tous les autres, un mauvais exemple à suivre sans que quelqu'un le sache.

Mais un Jour ce tueur va rencontrer la personne, homme ou femme, qui va lui donner le coup de gueule et cela sera un coup d'arrêt de sa vie entière. Il n'en reviendra pas et son sentiment de vengeance va s'accentuer pour sortir « HORS LIMITES », définissant ainsi la typologie de ses agressions.

UN SOCIOPATHE

UN CHOC définit UNE TYPOLOGIE

Une rupture = les femmes

Un divorce = les enfants

Un Renvoi du travail = les dirigeants

Et ainsi de suite.

Ces chocs sont normaux et pour des gens bien constitués ou non, cela reste dans la normalité. Mais ces gens ont une psychologie différente, c'est un acheminement des évènements vers un monde machiste, enfantin et relatif dans sa constitution. Les enfants n'ont pas de liens contrôlés avec l'environnement, aucune emprise parentale, aucune limite n'est possible à définir et surtout un égocentrisme démesuré. Ils peuvent être pauvres ou riches, ils sont enfants aujourd'hui mais adultes demain et c'est à ce moment que tous les problèmes commencent.

Aucun adulte ne peut affirmer une vie sans problèmes ou sans difficultés, sans échec unique ou multiplié, ou encore une rupture dans les études ou le travail. Tout cela rentre dans la normalité, Mais chez cet enfant/ adulte, l'échec n'est pas une possibilité ; c'est un trottoir sans pierre ou une chute libre dans la démesure. Toute relativité reste une discussion stérile, il aime les animaux mais ils les tuent, il aime les gens mais ils les torturent, il aime les études mais il va pas à l'école ; le ***paradoxe énigmatique*** est sa pathologie. Il devient très nerveux à ne pas atteindre sa fin, il démange ses angles, il va dans tous les endroits sombres la nuit, il a une suite bizarre dans les idées, il réfléchit toujours à se venger des autres, il ne discute pas les sujets de manière approfondie ou analysée. En général, il n'est jamais seul. Il y a toujours de la compagnie et sa famille lui pardonne tout. Aucune peur n'existe depuis son enfance et ne regarde guère les gens, par peur de découvrir l'intérieur caché. Il facilite l'accès à sa vie mais les gens deviennent par la suite, prisonniers.

La beauté n'a aucune valeur,
Le regard des gens est tueur,
Il craint la rumeur,
Il offre des fleurs,
Sa femme est en cage sœur.
Nul ne le reconnait de tel,
Il est caché par scelle,
Il regarde toujours en arrière,
Il voit des ombres sur sa carrière.
A force, il est piégé
Il bascule dans la démesuré,
Il tue dans l'obscur,
Il ramasse les ordures,
Il fait des rondes la nuit seule.

Amen a ceux qui vont le croire,

Une imagination pourboire,

Je te défends ou tu me tues,

Je connais ta faiblesse, mordue

Je suis pas ta nièce, femme !

Ensuite, il va se marier avec quelqu'un de sa famille, pour cacher ses faiblesses et son emprise pour l'Alcool, la cigarette, ou autres. Il va aller crescendo vers les enfants, pour cacher cette pierre gigantesque dans son cœur. Il n'aime plus et ne respire plus comme les autres, il planifie toujours son prochain coup, même si l'actuel n'est pas encore fini, car sa proie est une ancienne histoire ; c'est son mode de contrôle, il facilite la vie des gens par quelques billets, services ou travail accompli en vitesse. Il aime se faufiler et il vous dresse toujours le portrait charmant pour vous sublimer et vous charmer.

LA VERITE SI JE MENS !

AGRESSEUR : Charme, Charme, Il est où ton drame ?

AGRESSE : Il est à PANAME,

A1 : Je te veux pour épouse,

A2 : Je suis pas disponible,

A1 : Je vais te tuer,

A2 : Le risque est une nuit pénible,

A1 : Tu me vois là, je ne suis rien

A2 : Tu me vois là, c'est mon cadeau

A1 : Alors qu'est-ce qu'on devient ?

A2 : Je te fuis pour les poux !

A1 : Au revoir mes aventures

A2 : J'ai détruit la clôture.

Le comportement de cette personne, se manifeste en victime et en sciences, soit informatique ou ingénieur quelconque. Sa problématique est avec les chiffres et tout ce qui s'y réfère ; parfois athée, parfois très religieux, en tout cas il est dans l'extrême. Il voit le monde en Noir et Blanc et n'aime pas les couleurs. Cela lui fait de l'ombre ; il s'exerce en continu, dispose d'un monde unique, linaire et sans dérangement. C'est un monde en confort avec tout ce qui n'est pas confortable, il est rêveur de votre vie, il parle de vous, il s'assoit avec les autres, pour les d'éplucher de leurs âmes, de les détruire dans leurs idées ; il n'est de très bonne compagnie. Il atteste de la valeur de l'autre, au masculin ou de son genre ; il voit le genre contraire. Tout est disparate et sans construction, désorganisée et obsessionnel dans le comportement. Le manger est fictif et il regarde le tout en négatif, c'est son monde en continu et il aime broyer du Noir. Toutes les rencontres sont un moyen de dresser ses griffes, de voir l'autre monde car il est incapable de voir, et il détruit tout ce qui ne lui plait pas, ou il n'arrive pas à atteindre.

Si une victime se sauve au début, pendant ou après l'opération, il devient dingue et cette victime le marquera à jamais. Quoiqu'il arrive et quelque soit les raisons, la victime devient responsable de tous ses malheurs. Il n'a jamais tort et personne ne peut le convaincre ; il est sourd, muet, inaffectif, incontrôlable et destructeur. Pourtant, il a la possibilité de réussir mais ***il n'arrive pas à la voir pour pouvoir la choisir***.

L'EGOCENTRISME

Un egocentrique, au a reçu 2 coups de gueule an Amour. Le 1er choc présente un pourvoir pour tuer des animaux, le 2e choc est le relais vers es Humains.

Avec ces deux points, un monstre se crée. Dieu nous a créés dans un but précis, et ce sociopathe a détruit la valeur réelle de son humanité. Du coup, c'est son prix vers la mort !

Un SOCIOPATHE est un cerveau Génie, par nature avec des capacités intellectuelles sans limites. Du coup, il commence à recevoir des coups continus sur con cerveau, avec cette capacité à intervenir sur des sujets complètement décalés de sa réalité. L'enfant grandit et les retournements continuent jusqu'à ne laisser que les l'esprit animal et l'agressivité. Sa rencontre avec d'autres personnes décalées, et lessives de toute émotion, va les pousser à sortir de leur champ de prédilection, en travaillant sur des sujets Hors ligne, ou BORDER LINE.

Partant de ce fait, il devient indispensable de comprendre que c'est un enfant tueur, des faits et gestes des gens, en plus des rêves cumulés dans ce sens.

LA VOIX

LA VOIX

Une voix m'accompagne longueur de journée, elle traite de différentes manières, elle versatile sur différents sujets et fripouille sur la ligne d'électricité. Elle reste une voix, sans raison, sans répit, sans saison, ni appui ; une version légère et amère de la vie ordinaire, que je ne suis pas. Je la vois osciller entre les lignes savantes, et l'air d'une voyante ; elle volait les idées et voyage à travers le vide, mais c'est une voix intrépide !

LA VOIX SPORTIVE

Le sport, est une vocation internationale. Elle a pour objet de créer chez l'humain, une confusion continue, de par la nature de son environnement et d'autre part, la diversité du talent dans le cadre de son développement. Toute réaction est une formule sportive, a l'instar de toute vocation, déterminant la finalité du sport en tant que moyen de reconstruction et de rétablissement intérieur et de revendication de toutes les énergies pour s'unir en une seule force majeure. Il devient déterminant de considérer tous les éléments majeurs, de ....

LA VOIX DU MOUVEMENT

Le sport est un enchainement direct ou indirect, d'une série de mouvements, calquée sur un ensemble de feelings ou de ressenti nerveux, sur lesquels le mouvement est portée.

L'enchaînement + le feeling = le Mouvement

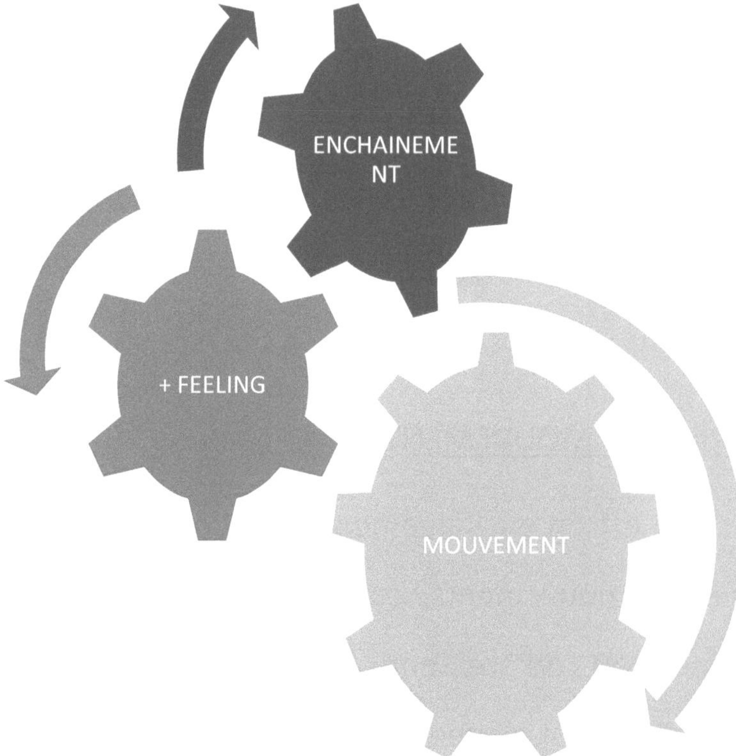

<u>Mouvement ></u>

- Une force = Une énergie
- Une trajectoire = Des étapes successives
- Un Aller/Retour = le directionnel
- Le Résultat = L'impact

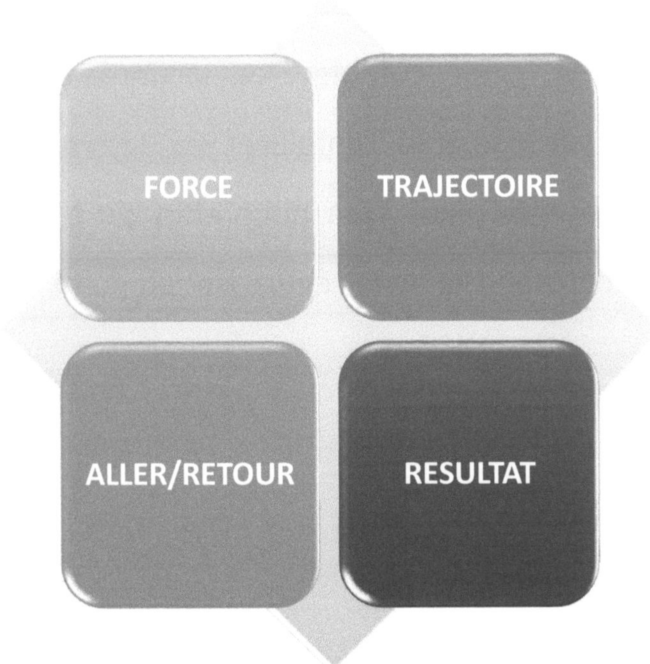

Le mouvement est une création artistique, une façon différente de regorger l'humain de qualités infinies de possibilités. La création sportive et artistique est une infinie, sans équation et sans chiffres, elle relate les différents angles de couleurs et de possibilités.

Le retard psychologique peut être guéri par le sport et la création, pour combler les lacunes et non les replaces ; le sport va remplacer les lacunes par une énergie positive, qui aura pour effet de texturiser le contenu profond et de le régulariser au point zéro.

LA PSYCHOLOGIE D'EQUILIBRE

La communication CEREBRALE

L'équilibre du cerveau repose sur la capacité des neurones, a produire un effet positif sur la circulation de l'information. Cet équilibre est une résultante, de tout un monde tournant, sous forme d'un Globe-terrestre. Le neurone est faible face à la robustesse du circuit informationnel ; La circulation produit un effet positif ou néfaste sur le verbal et le para-verbal. Cette partition est une équation négative, sur la résistance humaine face aux aléas quotidiens, de la vie ; ces aléas peuvent être : Stress, Empathie, Sommeil, Repos, Cauchemars, Suspicions, ..., etc.

Toute psychologie est une résultante, alors il est primordial de travailler les bases de la pensée, des idées et revisiter les souvenirs avec un air positif et souriant, pour rendre le devenir, un advenir psychologique positif et de meilleur rendement.

Pour décoller les superstitions, avec les rendements supposés, il est essentiel de réparer les évènements de manière subsidiaire, afin de récolter les fruits.

L'ART PSYCHOLOGIQUE/ La perfection des imperfections !

« Dans les imperfections, une perfection existe ».

- Tout n'est pas parfait, mais tout est beau. A toi de trouver la beauté dans tout ce qui parait moche, quelque soit la beauté de tes actes et de tes propos. Il y a une imperfection insolite, dérisoire ou ostentatoire.
- Quelque soit les idées reçues ou imaginées, elles auront une place dans la réalisation. Chacun d'entre vous, devra trouver une façon ludique et imaginative de les réaliser, d'explorer l'étendue de son imagination, de confronter ses idées a la réalité. Que sais-je de la vie sans échec ?

- L'échec est une grande valeur de la réussite, c'est une force intérieure à se rebâtir de nouveau, à construire toutes les briques, à consolider l'Ancien, l'existant et le Futur. Cela revient à combler à un vide existant, que le temps n'osa pas laisser pour répit, afin de réaliser le rêve le plus enfoui en toi.

➢ EUGENE DELACROIX,_a dit le suivant sur le MAROC :

« SUBLIME VIVANT QUI
COURT ICI DANS LES RUES,
ET QUI VOUS ASSASSINE
DE SA REALITE »

LA LUMIERE AU BOUT DU TUNNEL !?

L'Heure du réveil a sonné, l'aube retentit comme une cloche dans votre oreille, la lumière se reflète sur le visage éperdument, les yeux s'ouvrent avec légèreté et amertume de la nuit, a perdurer et du jour à se réveiller. Tout semble ordinaire et pourtant, quelqu'un en bas de votre porte est entrain de vous préparer le cadeau de votre vie !

Un bonheur sans limites, une joie extraordinaire, un sourire éclatant, et que tous les malheurs ne seront qu'un gout amer, comme un nuage orageux ou un vent qui souffle. Tout est entrain de reprendre son cours normal et redevenir sympathique.

LA RAISON HUMAINE

L'ALZHEIMER ou ZMAIMAR : UN BLOCAGE EMOTIONNEL

L'ALZHEIMER est un blocage émotionnel. Le patient ou la personne bloque sur une idée, comme sur des rails et tant que le blocage est formé, aucune nouveauté ne se développe. L'oxygène ne s'aventure pas sur ces terres stériles, et de ce fait tout est en arrêt complet.

Le CERVEAU manque d'un membre important, c'est « la fertilité des idées ». Du coup, tout n'est que poussière face à un démon virtuel.

➢ La solution

Répéter les évènements et les faits sur les dernières années, jusqu'à ce que la personne trouve l'idée de blocage.

UN MONDE MULTI-DIMENSIONS

Un monde multi-dimensions est un monde ou l'émotion reçoit un choc et l'environnement n'est pas adaptable. La personne se réveille et le monde réel est en différée avec ses émotions, cela est dû à un revers du cerveau ou un nouveau passage vers un autre monde. Peu de gens ont la capacité de survivre, surtout si cela a été fait à maintes reprises ; Il devient indispensable de relativiser dans l'existant pour redorer cette faculté mentale, a arrêter de travailler et à penser normalement.

Le monde multi-dimension est à la fois, une réalité difficile et impossible à modifier, les paramètres changent mais tout reste un alea provisoire d'un rêve surdimensionné. Le choc peut arriver lors des rêves ou lors de discussion familiales imaginaires, la personne prend des chocs continus et affiche un air simple et souriant ; alors que le cerveau empattera de toutes les raison existentielles, même celles qu'on a pas encore trouvée. La psychologie n'y est pour rien, c'est un nuage virtuel sur lequel tout le monde est entrain de creuser sa tombe, sans le savoir ; La personne pourra survivre à un tel choc mais reste le paramètre émotif et non émotionnel, de l'oxygène du cerveau qui diminue à chaque mouvement ou à chaque revers. Du coup, tout est à refaire mais reste à savoir à quel prix ?

- Pourquoi un don peut-il devenir une malédiction ?
- Un avenir est englouti sous les ténèbres, pour ne voir la lumière ?
- A quelle force s'adresse-t-on pour décider de la vie des autres ?
- A Quel moment s'arrête-ton de se faire du mal, sans le savoir ?
- Qui sommes-nous ?
- L'Humanité, c'est quoi ?

Le refuge monumental de telles actions est virtuel mais votre observation est bien réelle. La limite n'y est plus, et peut-être qu'on se souviendra plus de rien mais le cerveau garde son historique malheur et bonheur, comme les MALUS/BONUS, et devient votre refuge sauveur pour s'en sortir indemne.

L'HUMANIATION : HUMANITE OU HUMILIATION

L'Humanité se heurte à des facettes cachées de la réalité humaine, que même les humains ne la connaissent pas. Parfois, c'est une question farfelue, passagère ou rectangulaire, d'autres c'est un moyen de perception décalée. Surtout, l'autodérision est de mise et toutes les finalités sont un monde de rêves réels. On dort plus avec l'humanité, alors c'est encore de l'humanité ou l'humiliation ? C'est une question piège, rhétorique et tout ce que vous voulez ; mais voyons, avez-vous trouve la réponse ? Non, difficile à percevoir devant une panoplie de gens en PYJAMA REVEILLEE, c'est un monde de tortus tourbillons magiques, la sagesse est une face cachée de la rapidité lente, ton menton ne revient plus et tes mains ne bougent plus.

J'ai transité les mondes pour n'en décliner qu'un seul, un MONDE MEILLEUR !

LE CAMELEON

LA NATATION : LE DOS TUEUR

La nage « papillon », est une forme psychologue de se délaisser de tous les flux négatifs, faites par un papillon noir, durant la nuit sur un corps en blanc. Un monde plein de rêves négatifs, de cauchemars, de mort, de suicide ; le monde s'estompe à ce moment-là pour laisser court à toutes les possibilités d'intervenir sur un monde irréel. Un rêve est une vague possibilité de plusieurs évènements destructeurs, pour éliminer les aléas possibles et les relatifs suspendus.

Tout est devenu irréel dans un monde réel, et un monde imaginaire dans une multitude de possibilités, un alea simple comme un papillon sur une terre inconnue, une émission de radio ou une série américaine peuvent laisser des traces colossales, sur un cerveau humain.

Le caméléon a cette possibilité de transiter entre un cerveau horizontal et un cerveau vertical, facilement pour graver les échelons et donner un système digestif gonflée. Un rêve devient vite réalité car la perception entre les deux mondes est une infinie possibilité de réalités virtuelles dans un monde réel.

Le caméléon transite entre les deux mondes, à voir toutes les perspectives et de ce fait, tout devient possible et il prend toutes les couleurs de a nature, du ciel et de tous les êtres vivants et non vivants, pour advenir un élément prompteur, sans possibilités définies.

UN CAMELEON = L'INFINI

LE CERVEAU CAMELEON

C'est un cerveau caméléon, dotée de plusieurs capacités intellectuelles, du littéraire au scientifique, de l'Arabe à l'Anglais, du rêve à la réalité ; c'est un cerveau qui transite entre les différents mondes de manière très facile.

UN CAMELEON EXTRAORDINAIRE

Toute émotion psychologique négative doit être remplacée par un parfum, un évènement positif, une réalité souriante, un avenir glorieux sans rabattre ses sentiments sur une personne. Il vaut mieux classifier par intermittence, pour aider la conception à entrevoir les couleurs de manière positive, colorée et sympathique. Toute rectification de la réalité est une manière discontinue de survivre, jusqu'à arriver au stade de conciliation. Une conciliation entre le devoir et le réel ; le monde traduit positivement mais les 100 pas ordinaires d'une personne, doivent se traduire par une positivité absolue, à travers le sport, la joie, le bonheur.

LA PSYCHOLOGIE DU MAL

La psychologie du mal est un raisonnement basée sur la vengeance. Ce raisonnement ne concerne en rien la personne en question, il est plutôt orienté Religion, famille, Amour, Incapacité intellectuelle, défaillance Hormonale, une faiblesse psychiatrique, une enfance malheureuse, un faux raisonnement, une vérité obligatoire, un cataclysme subliminale, une malheureuse relation d'amour, une forme de psychopathie. Elle relate ainsi les différents éléments suivants :

- Amour Noir
- Le Mal
- sectorise
- Le Reflet Rouge sur les Murs

LA LOI DE LA GRAVITE EMOTIONNELLE

LE MACHISME

C'est une transposition masculine, d'un genre masculin, n'arrivant pas à s'exprimer de sa sensibilité et son émotion envers la gente masculine, faute de culture, religion ou acquis psychologique. Il se marie à une femme, garde son émotion pour les hommes, et le relais des femmes est un traitement pathologique, inclus sa femme de manière très négative. Cela se manifeste par a violence, le verbal et le gestuel ; en plus de la dégradation de son travail.

Le machisme est un ressenti d'infériorité, de bas de gamme, disposant une force à relayer sa gravite. Il est indispensable de l'arrêter, en changeant ses idées, par donner des exemples positifs de toutes les idées reçues.

L'AMOUR OBSESSIONNEL

C'est un Amour tueur, qui ramène la destruction aux deux parties, de part inégale. Il est primordial de sortir de cette prison, enclouée dans une table, sur un coin renflouée avec cadenas, entoures de chiens. Cet amour se manifeste par des vertiges, des oublis, des jambes lourdes, des relations bizarres avec les hommes et les femmes, la vitesse de votre cerveau, le sommeil et le réveil simultané de tout et de rien. Cet Amour est destructeur pour l'Amoureux, mais le 2e vit comme un électron libre. Du coup, la destruction se fait par les actes, les gestes et les mots. Aucun amour n'est encore possible mais la raison du 2e va détruire le 1er, de façon irrévocable. Les outils mathématiques ne sont plus à utiliser, de façon univoque.

L'AMOUR devient un groupe de TEXTES, SCULPTURE et PEINTURE. C'est un rêve en Tension pour un résultat «AMOUR ». Le cœur, c'est le moteur du corps humain, il est primordial de définir les éléments essentiels des entrées/sorties.

AMOUR, REVE, TENSION

Un Amour est un bonheur façonnable, ne laissant aucune piste de sécurité, a décliner les raisons sur un réceptacle actif, Innovateur et en Mouvement.

Amour, Amour,
Réveille-toi, Surprends-moi,
Je ne suis à ta Merci,
Ouvre ton cœur à l'Avenir,
Rêve d'un Amour en souvenirs,
Tout est parfait et magnifique,
Tout redevient logique !

L'AMOUR PERDU

C'est une forme dans un PULL NOIR, sans voir le jour et la nuit, tout devient pareil. Les mots, pays et destinations n'ont aucun sens et les rêves ne sont plus d'actualités. Pensez à cela et oubliez-le ; reste juste un amour insignifiant à rentrer dans cette psychologie pour redorer l'image de l'Amour obsessionnel. Un rêve est une réalité dans la mesure où le sentiment est inexistant, le temps passe lentement et toutes les actions sont sous forme de taches répétitives, sans aucune signification, un chevalier blanc n'existe pas mais un chevalier marron existe, et ainsi de suite. Toutes les perspectives sont de mise pour éclairer l'univers poétique de la science et n'en devient qu'une simple pathologie ou cours exercée sur votre cerveau, pour le détourner de sa trajectoire initiale. Ce sont des rails de chemin de fer, un monde sans rêves, sans envie, sans risques, sans futur ; ***un monde inerte !***

L'IREEL

Je vois, Je vois,

Les Etoiles sur toi,

Un pour un, Toi pour moi,

Un pour un, Rien ne va plus,

Je ne suis pas ta Muse,

Tu ne peux être mon Benjamin,

Je suis pas ta brute,

Mais celle qui fait ton lendemain,

Je regarde à travers les murs,

Je vois un Maitre Obscur !

LA PSYCHOLOGIE REVERS

Les VAGUES

La psychologie revers > Les Vagues.

- Les vagues se dissipent l'une après l'autre, comme des Nems, et la vie se charmaie dans les extrémités de chaque vague, allant vers les rides d'une vieille dame ; transcodant la vie et la mort, sur une chaise ambiguë.

Le BALLET DORMANT

La ballerine qui danse en dormant, sur une musicalité enfantine ; tout le monde cherche son cœur mais, elle va choisir un seul Amour pour vivre sa vie.

LA PSYCHOLOGIE DE L'EAU

- Le système 'Antichoc' est un système entre la réception de l'information et son interprétation.
- La connaissance de l'information avant sa réalisation, son impact est moindre que l'impact total : Probabilité est de 50% et Impact diminuée de 50%.
- Toute information est susceptible de se produire, mettre en place un système Antichoc, c'est l'équivalent d'amortisseurs dans une voiture. Cela permet d'amortir l'évènement sur la durée temporelle.
- La psychologie est complexe, les probabilités aussi.

PSYCHOLOGIE

PSY > RESONANCE

CHO > INTERIEURE

LOG > CODE

IE > INNOVATION ENTREPRENARIALE

La Psychologie est une résonnance intérieure, à travers un code d'Innovation Entrepreneuriale.

- CERVEAU & CŒUR > C > PSYCHOLOGIE
    - CERVEAU = RAISON
    - CŒUR = COULEURS
- CERVEAU + CŒUR = Un EQUILIBRE

LE COMPORTEMENT

Le comportement est la traduction de l'état de votre cerveau ; cela est un retournement de situation de votre état psychologique mais la réalité ne peut avoir qu'une seule trajectoire. Le champ de vision est porteur de votre focalise, mais le cerveau ne change pas de configuration car s'il pouvait changer, cela reviendrait à démultiplier les cerveaux ; chose impossible dans la création divine.

- Un Garçon Manquée > La Femme en Homme
- Un Homme féminisée > L'Homme en Femme
- Je mange trop > Je mange peu / vice-versa
- Je m'habille luxe > je suis négligée

- La respiration étant bloquée, elle se produit par une respiration des bas de pieds et des mains.
- La température, devient pour le corps irrespirable, et la valeur de l'Humaniation est à 'ZERO'.

LA STRATEGIE PSYCHOLOGIQUE

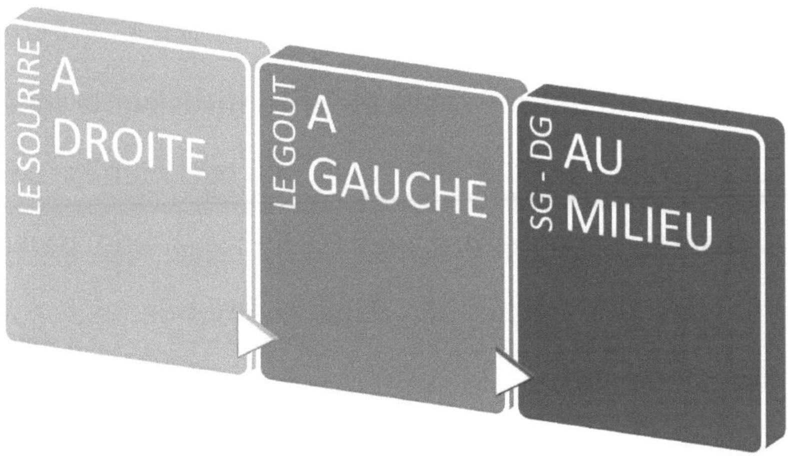

UN REVE MIRROIR

Le cerveau de quelqu'un d'autre, avec son vécu et son environnement, devant vos yeux, sous un effet Miroir. C'est un moyen de pression sur une personne, pour accepter un Monde différent, et elle est en **Refus total**.

SABLE, SABLE,

VENT TE REMUE COMME UN DIABLE,

JE NE VOIS DE TON CORPS,

DES MIETTES INCAPABLES,

LES GENS TE DEVALUENT.

LA PSYCHOLOGIE DU VOYORISME

C'est une psychologie basée, sur le fait d'intégrer un environnement par la porte et de sortir par la fenêtre ; un monde suicide ou tous les paramètres sont à l'envers, donnant une mort vivante à une personne longda. Une personne, dans ce monde, n'a aucune valeur émotive, le sentiment n'existe pas ; cette personne transite à travers différents mondes virtuels, entre rêves, souhaits, vœux, sans avoir la possibilité de réaliser ses rêves. Il est solitaire, réservé, et sans culture générale, mais encore la civilisation est un monde inconnu. Du coup, tous les interdits s'ouvrent par une porte et sortent par une fenêtre. Je ne regarde pas toutes les mélancolies, je focalise sur le vrai problème, pour des adversaires ou dieu est inexistant, mis à part pour en parler. L'adversaire est pervers, voyeur et démonstrateur d'agressivité pour soudoyer la personne, vivant dans le contraire absolu, portant souvent le noir ou le gris et se protégeant derrière des titres, une religion, et un respect des yeux et des gens. Mais la réalité représente une histoire noire, sordide, sale et farouche de toutes les stupidités humaines.

« ***Les Extrêmes se retrouvent à mi-chemin, toujours sur une palette noire avec un décor blanc*** ». Les couleurs sont un monde interdit, se réjouissant du malheur des autres. Cette adversaire voit dans les billets de banque, une issue à tous ses problèmes et un avenir, or c'est un leurre. Voilà une réplique classique :

Je te regarde,
Je te veux pour épouse,
Les mots fredonnent dans ma tête,
Ma bouche est muette,
Je te désire très fort,
Je te vois, Je transpire
Mais mes souhaits sont cachés,
Ma vie reste un gâchis !

LA PSYCHOLOGIE DU MANGER

- Une coupelle est une forme simple de courtoisie pour un invité, suivi d'un the ou café, pour empêcher un devoir national d'être accompli.
- Toute représentation graphique, imagée ou monographique, remplace les Maths/Physique et sciences réelles. Il devient indispensable de revoir sa vie ou de représenter ses cadavres humains en famille ; tout est cadavre influençable sur toutes les décisions prises, une destination d'un adversaire féroce.
- Une fois le devoir accompli, tout redevient normal car le devoir national ne peut être interrompu par une coupelle ou un verre de thé, c'est un ***passage obligatoire***.
- Il est naturellement sympathique de savoir qu'un soldat n'est pas un jeu, ou un métier longda ; c'est une fierté nationale, un caractère de force et une finalité divine.

LA PSYCHOLOGIE CINEMATOGRAPHIQUE

Je choisis une sélection de chaines/ Movies et je les passe en boucle, cela crée un Monde Imaginaire dans un cerveau réel.

LA PSYCHOLOGIE MUSICALE

C'est une méthode basée sur un environnement réel et irréel, portant une musique réelle vers un monde du cerveau irréel ; laissant ainsi aux différentes personnes la croyance d'être normale alors que le cerveau est complément bousillée.

Il existe bien des solutions pour en guérir mais la solution ultime est un Bien-être fou, en sortant toute cette musique en lettres et mots sur un papier blanc.

L'EMOTION POSITIVE

La relation de corrélation entre une émotion positive et la positive attitude, réside dans la complémentarité entre deux mondes disparates, se traduisant par l'émotion inopinée du savoir émotif laissant ainsi l'émotion sous un format vertigineux et sans trace linéaire, en formatant sa direction vers un chemin quand le chemin entrepris n'est pas au gout de cet adversaire. Alors que la positive attitude est un choix personnel, sans influence quelconque de n'importe quelle origine, sur l'évolution positive.

La corrélation rentre en jeu pour distribuer les énergies de façon émotive, autonome, captivante et indestructible. Toute information reste une variété notoire d'un monde repère, pour conjuguer toutes les variantes dans une ligne directrice et un monde irrationnel.

LA PSYCHOLOGIE INFORMATIQUE

Changer la configuration d'un cerveau humain par une configuration informatique, en introduisant pendant son sommeil des dégâts psychologiques et colossaux. Il advient possible et impossible de séparer la réalité du monde virtuel, et vice-versa. La réalité psychologique est un devoir de croire en soi pour survivre un monde optionnel, un monde ou à régularité des ingrédients ne se marient pas mais se marieront, uniquement pour sauver la mise ; ce monde est initialement irréparable mais avec beaucoup de volonté et de temps, il devient réparable. La confiance règne ou tous les codes déversent la méfiance ; l'impression information devient une impression émotionnelle, le nom devient un dossier, le regard est un doute, la parole est une arme. Cela présente la réalité normale sous forme de guerre intérieure, entre rêves/émotions/réalité/codes, laissant la disparité psychologique prendre place et régner.

SORTIE DE LIVRE

Je termine mes livres avec une note décalée, mais toujours dans le même sujet. Pour répondre à cette plusieurs questions, je trouve dans la littérature ou dans l'Art comique un moyen de distraire le lecteur de sa carapace quotidienne, celle ou se réfugie et on devient prisonnier sans le savoir. Cette méthode représente une manière de se représenter, vous et moi, dans cet ART libre.

Hey! Doctor

STONES, STONES,
Hit the BONES,
Being so close,
Sounds look familiar,
Dreams look terrible,
Everything is so smooth!

L'HISTOIRE MELANCOLIQUE

La lune s'est arrêtée et n'a trouvée de chemin, son changement est insignifiant, le soleil tourne sur un cycle tournant et ne trouvant pas de sortie. L'Etoile brille toujours laissant l'admiration à tout le monde, sans pouvoir choisir, le ciel retentissant de couleurs constamment, je rêve de tout stabiliser. On est tous sujette à des infractions de la vie, en regardant, en parlant et en bougeant, mais la relativité joue un travail grandiose dans l'accomplissement des étincelles. Jurisprudences de la Terre et le reste du monde, je ne vois plus et je ne regarde plus la vie de la même manière ; à rêver d'un noir extraordinaire et solitaire, sans lumière avec une voix ordinaire et à augmenter les étincelles solaires.

LIVRES

My Books
mainly for European and
Baroque
Baroque Poet
Kenza L.
Poesie Bar
Lisez autrement
Éditions
Muse

LIVRES

- POESIE BAROQUE
- LE CAMELEON
- LA PLUME PSYCHOLOGIQUE
- Le MAROC, VISIONNAIRE
- LA PLUME PSYCHOLOGIQUE et LE MONDE VIRTUEL
- LE PROFILING DES RETARDS PSYCHOLOGIQUES

CONTACTS

Twitter: @laestycia

Instagram: @kencool26

LinkedIn: #laplumekenzaouite

MIX
Papier aus verantwortungsvollen Quellen
Paper from responsible sources
FSC® C105338

Printed by Books on Demand GmbH, Norderstedt / Germany